JENNY ET LE FIASCO DES MOUCHES DES FRUITS

Résolution de problème
Marcy Schaaf
Français

JENNY AND THE FRUIT FLY FIASCO

Problem Solving

Marcy Schaaf

French

Jenny and the Fruit Fly Fiasco!

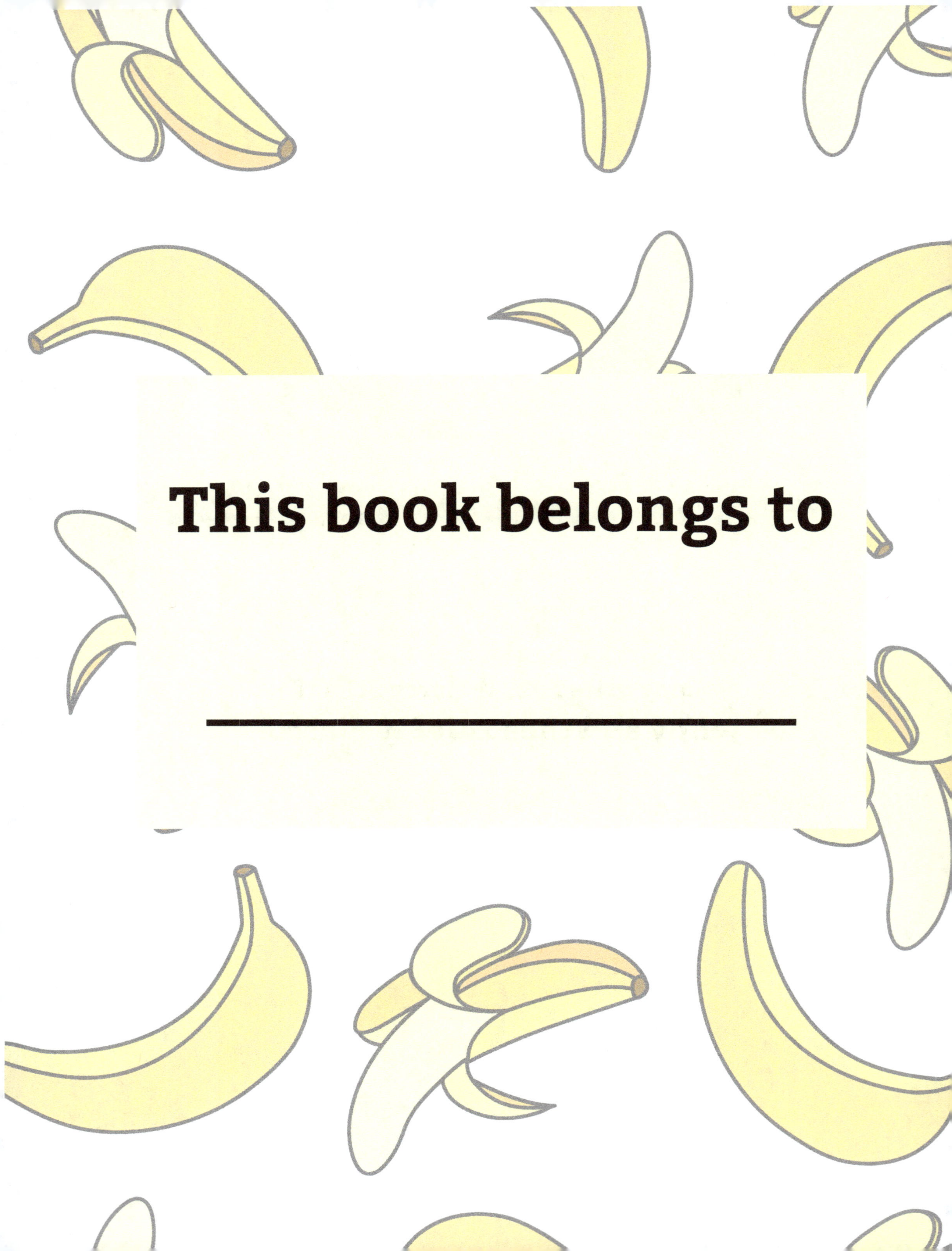
This book belongs to

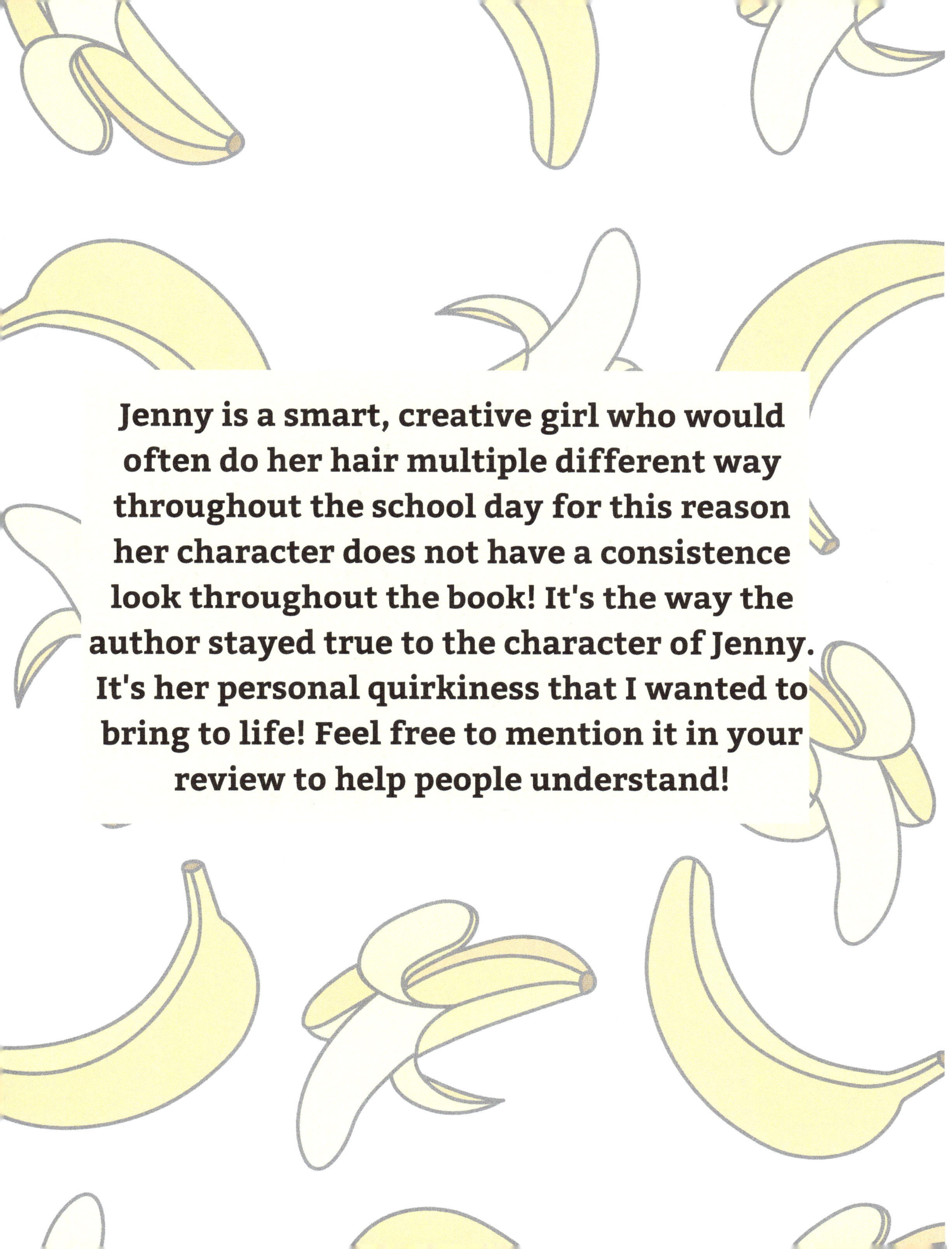

Jenny is a smart, creative girl who would often do her hair multiple different way throughout the school day for this reason her character does not have a consistence look throughout the book! It's the way the author stayed true to the character of Jenny. It's her personal quirkiness that I wanted to bring to life! Feel free to mention it in your review to help people understand!

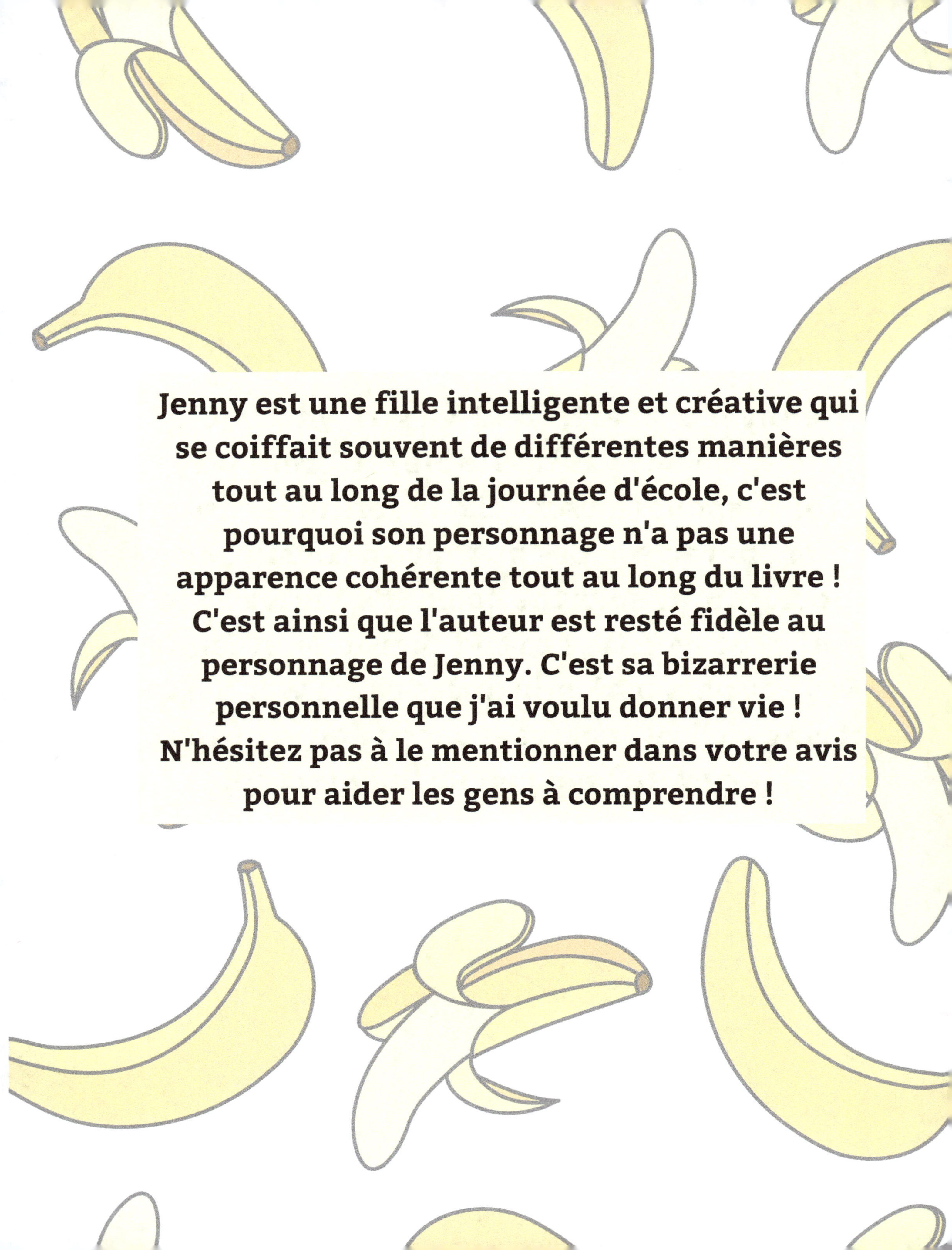

Jenny est une fille intelligente et créative qui se coiffait souvent de différentes manières tout au long de la journée d'école, c'est pourquoi son personnage n'a pas une apparence cohérente tout au long du livre ! C'est ainsi que l'auteur est resté fidèle au personnage de Jenny. C'est sa bizarrerie personnelle que j'ai voulu donner vie ! N'hésitez pas à le mentionner dans votre avis pour aider les gens à comprendre !

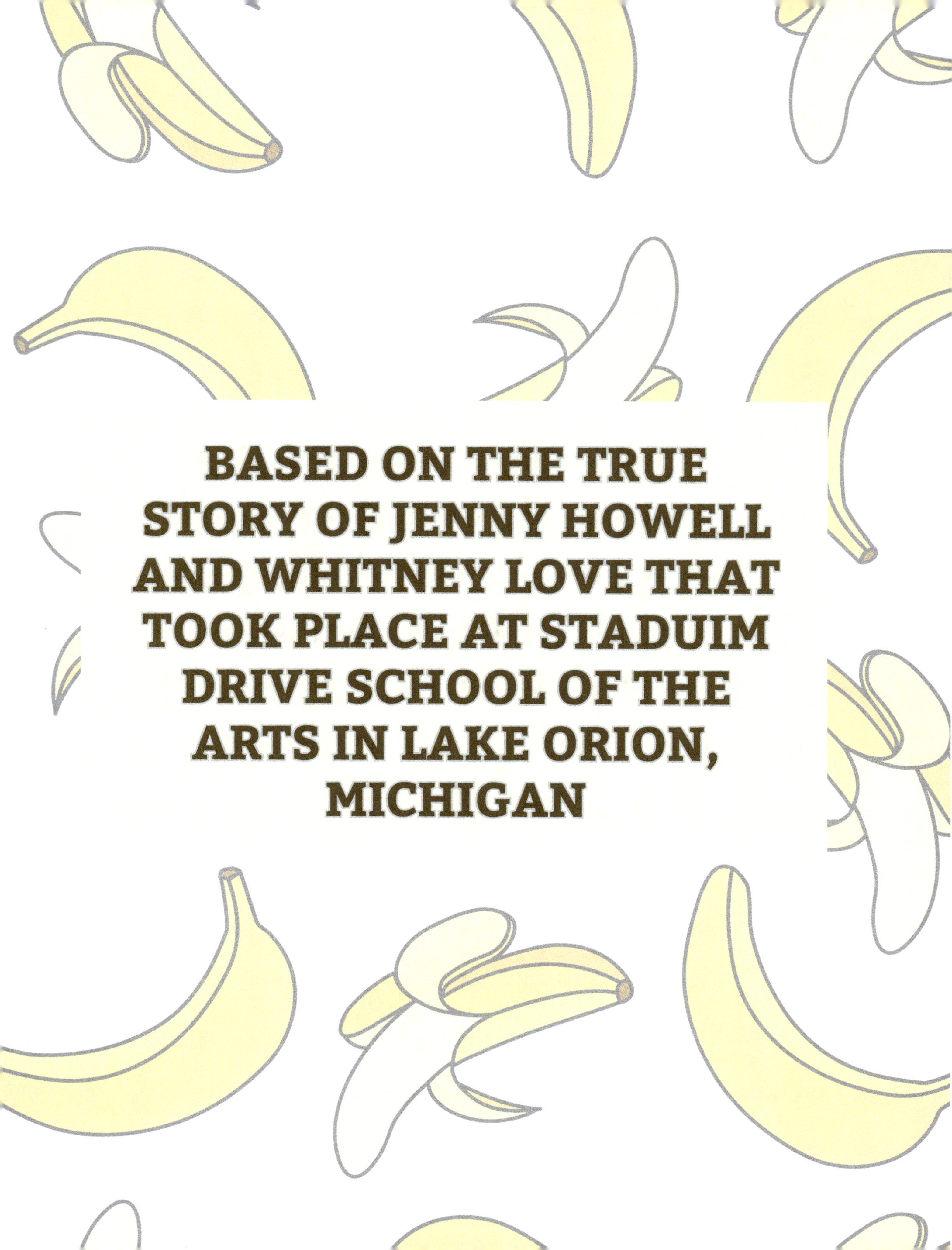

BASED ON THE TRUE STORY OF JENNY HOWELL AND WHITNEY LOVE THAT TOOK PLACE AT STADUIM DRIVE SCHOOL OF THE ARTS IN LAKE ORION, MICHIGAN

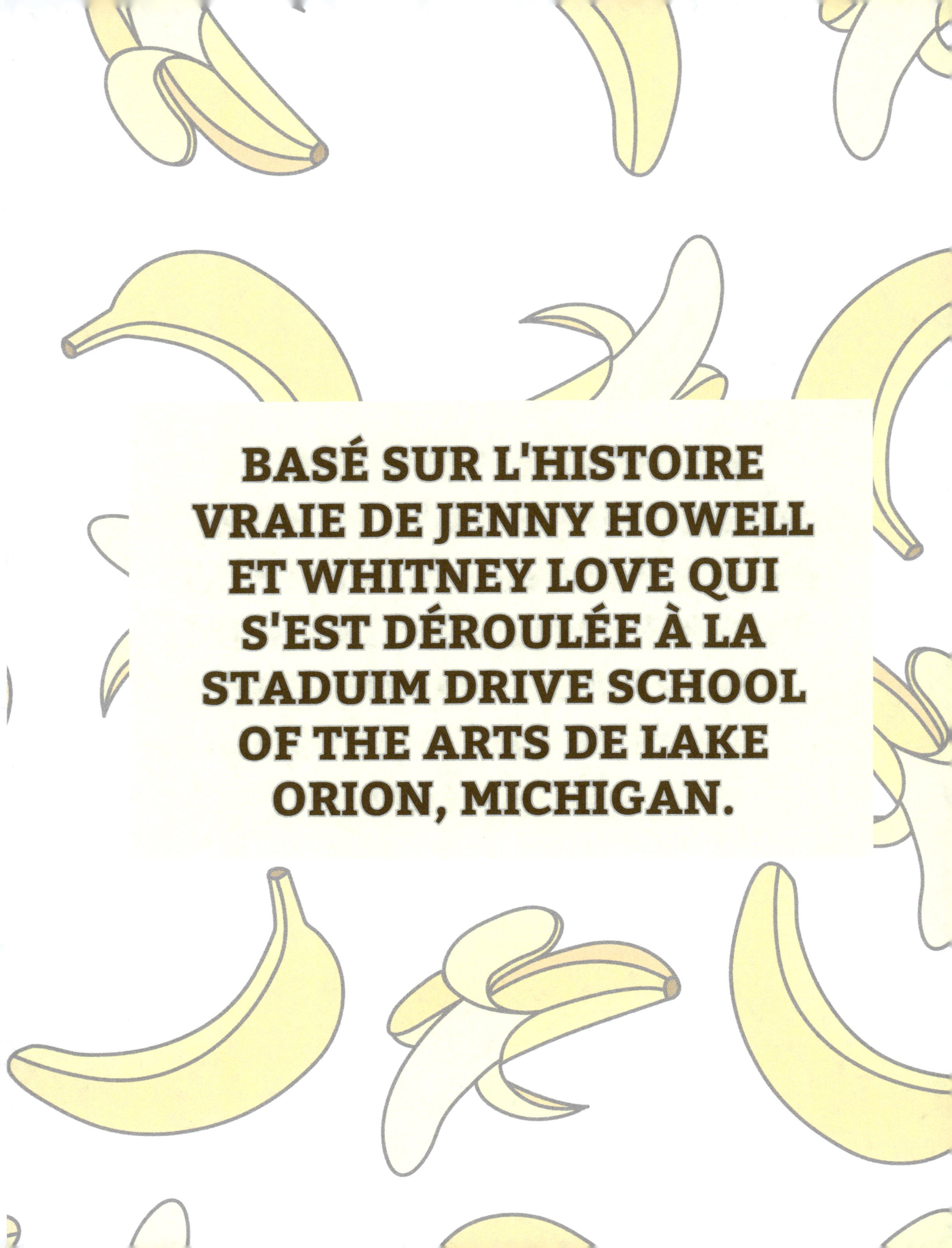
BASÉ SUR L'HISTOIRE VRAIE DE JENNY HOWELL ET WHITNEY LOVE QUI S'EST DÉROULÉE À LA STADUIM DRIVE SCHOOL OF THE ARTS DE LAKE ORION, MICHIGAN.

DEDICATED TO JENNY HOWELL AND WHITNEY LOVE WHO ARE STILL BEST FRIENDS TODAY.

DÉDIÉ À JENNY HOWELL ET WHITNEY LOVE QUI SONT TOUJOURS LES MEILLEURES AMIES AUJOURD'HUI.

ONCE UPON A TIME IN A SCHOOL NAMED STADIUM,
WAS A GIRL NAMED JENNY,
HER DAY WAS RANDOM.

IL ÉTAIT UNE FOIS, DANS UNE ÉCOLE NOMMÉE STADIUM, UNE FILLE NOMMÉE JENNY, SA JOURNÉE ÉTAIT ALÉATOIRE.

JENNY WAS BUSY,
SHE HAD SO MUCH TO DO,
BUT A BANANA SHE FORGOT IN HER
LOCKER, OOPS, THAT'S TRUE!

JENNY ÉTAIT OCCUPÉE, ELLE AVAIT TELLEMENT DE CHOSES À FAIRE, MAIS UNE BANANE QU'ELLE A OUBLIÉE DANS SON CASIER, OUPS, C'EST VRAI !

THE WEEKEND WENT BY,
DAYS TURNED INTO NIGHT,
AND A FRUITY SURPRISE WAITED,
OUT OF SIGHT.

LE WEEK-END S'ÉCOULAIT, LES JOURS SE TRANSFORMAIENT EN NUIT, ET UNE SURPRISE FRUITÉE ATTENDAIT, À L'ABRI DES REGARDS.

MONDAY MORNING CAME,
JENNY OPENED HER DOOR,
FRUIT FLIES SWARMED OUT;
SHE COULDN'T TAKE IT ANYMORE!

LUNDI MATIN ARRIVA, JENNY OUVRIT SA PORTE, LES MOUCHES DES FRUITS ENVAHIRENT ; ELLE N'EN POUVAIT PLUS !

BUZZING AROUND HER BOOKS,
BUZZING IN THE AIR,
JENNY WAS EMBARRASSED,
IT JUST WASN'T FAIR.

BOURDONNANT AUTOUR DE SES LIVRES, BOURDONNANT DANS LES AIRS, JENNY ÉTAIT GÊNÉE, CE N'ÉTAIT TOUT SIMPLEMENT PAS JUSTE.

SHE RUSHED TO EACH CLASS, NO TIME TO WASTE,
AVOIDING CURIOUS EYES, SHE MOVED IN GREAT HASTE.

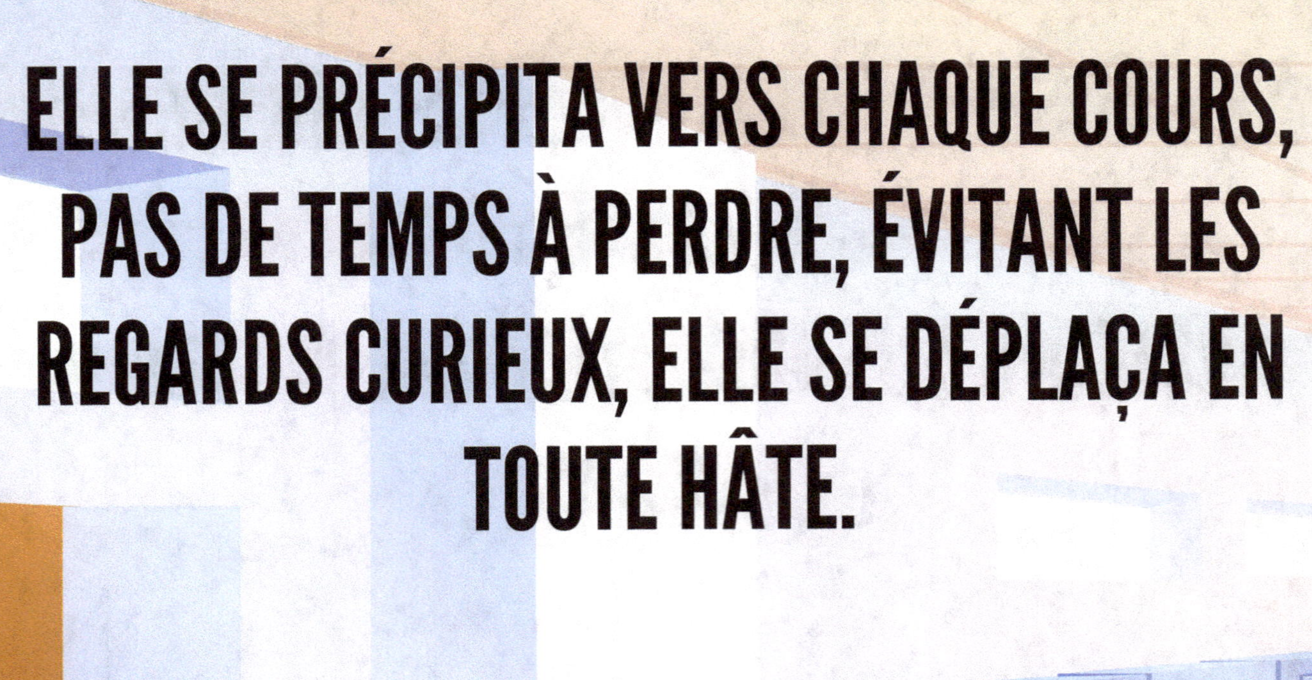

ELLE SE PRÉCIPITA VERS CHAQUE COURS, PAS DE TEMPS À PERDRE, ÉVITANT LES REGARDS CURIEUX, ELLE SE DÉPLAÇA EN TOUTE HÂTE.

"MAY I HAVE A HALL PASS?"
JENNY ASKED WITH A GRIN,
SHE NEEDED TO GET HER BOOKS
WITHOUT CHAOS WITHIN.

"PUIS-JE AVOIR UN LAISSEZ-PASSER POUR LE HALL ?" JENNY A DEMANDÉ AVEC UN SOURIRE. ELLE AVAIT BESOIN DE RÉCUPÉRER SES LIVRES SANS CHAOS INTÉRIEUR.

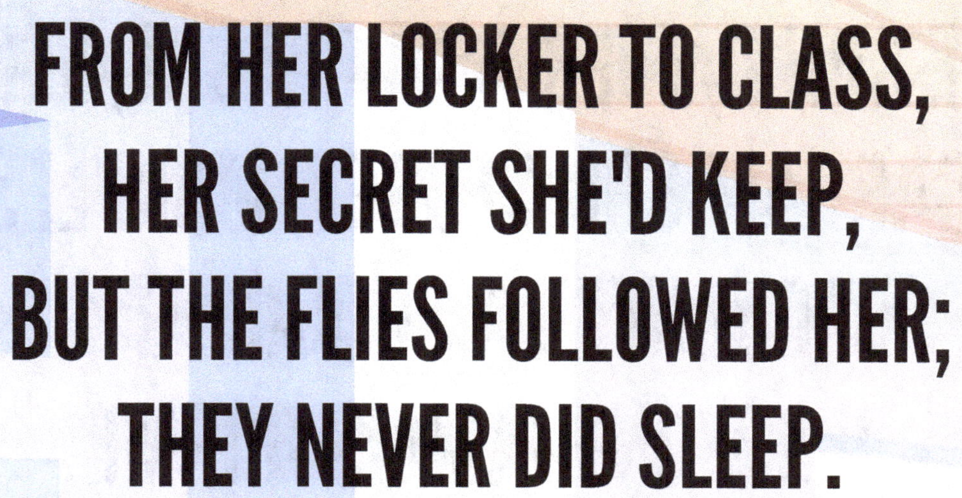

FROM HER LOCKER TO CLASS,
HER SECRET SHE'D KEEP,
BUT THE FLIES FOLLOWED HER;
THEY NEVER DID SLEEP.

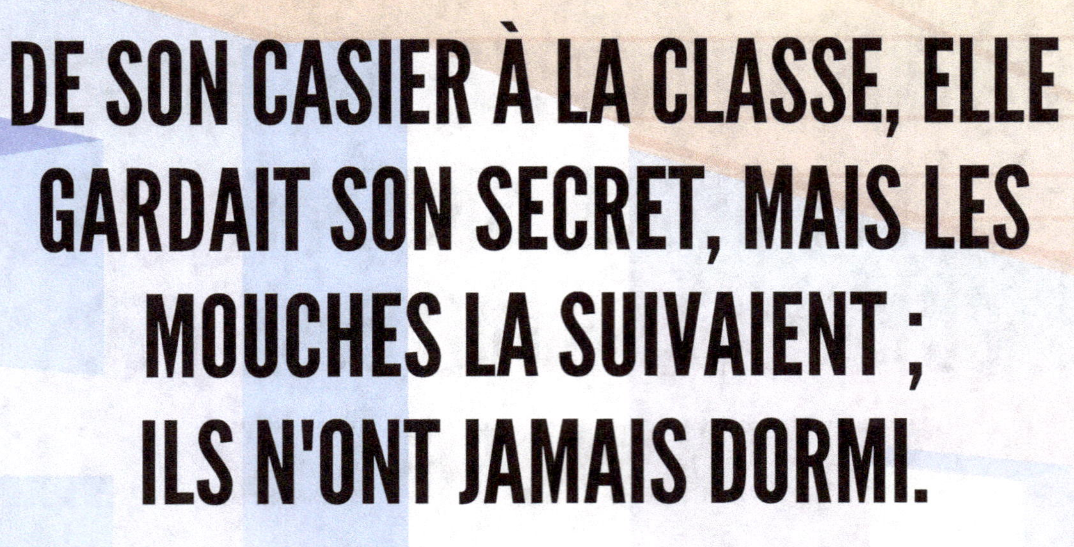

DE SON CASIER À LA CLASSE, ELLE
GARDAIT SON SECRET, MAIS LES
MOUCHES LA SUIVAIENT ;
ILS N'ONT JAMAIS DORMI.

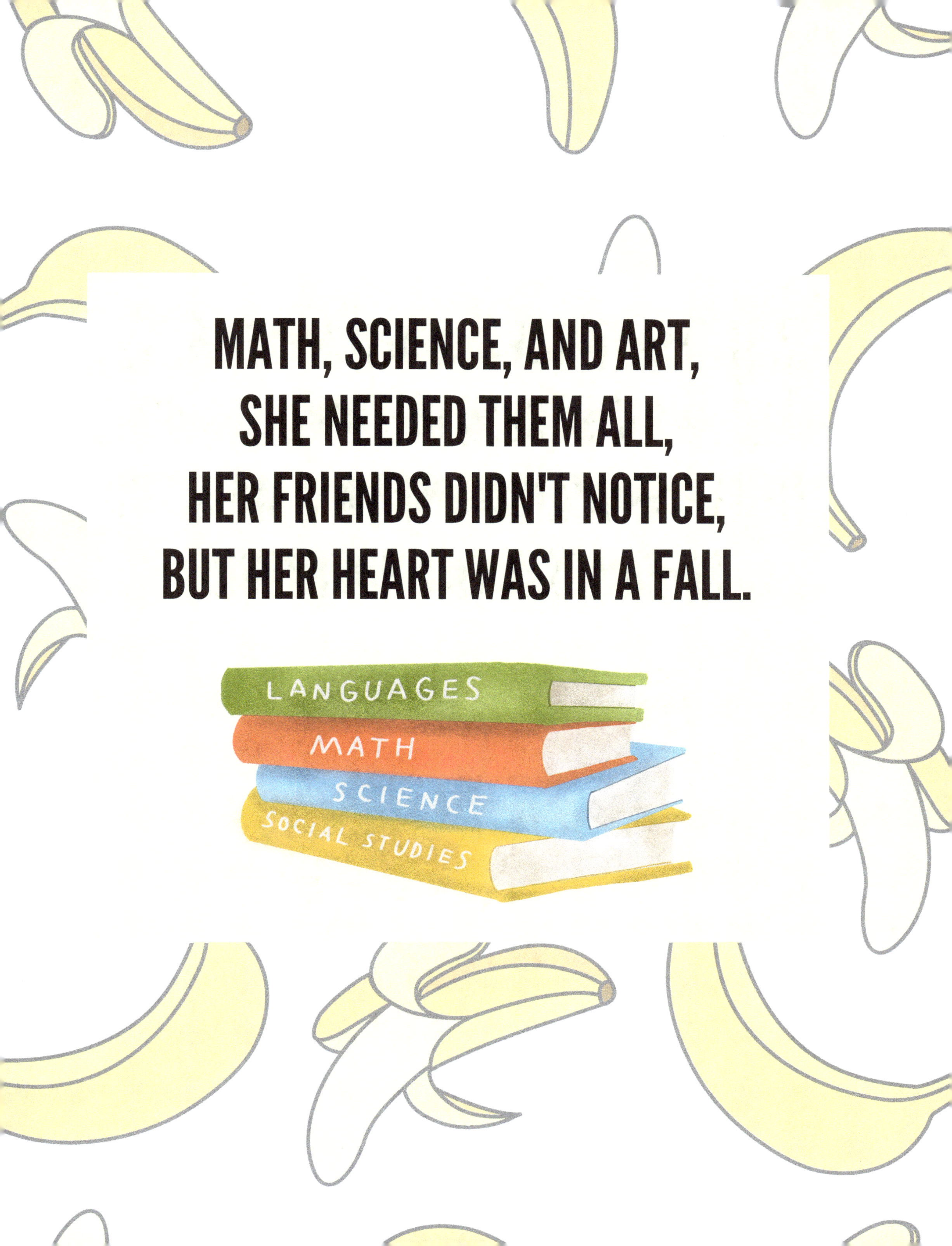

MATH, SCIENCE, AND ART,
SHE NEEDED THEM ALL,
HER FRIENDS DIDN'T NOTICE,
BUT HER HEART WAS IN A FALL.
LANGUAGES
MATH
SCIENCE
SOCIAL STUDIES

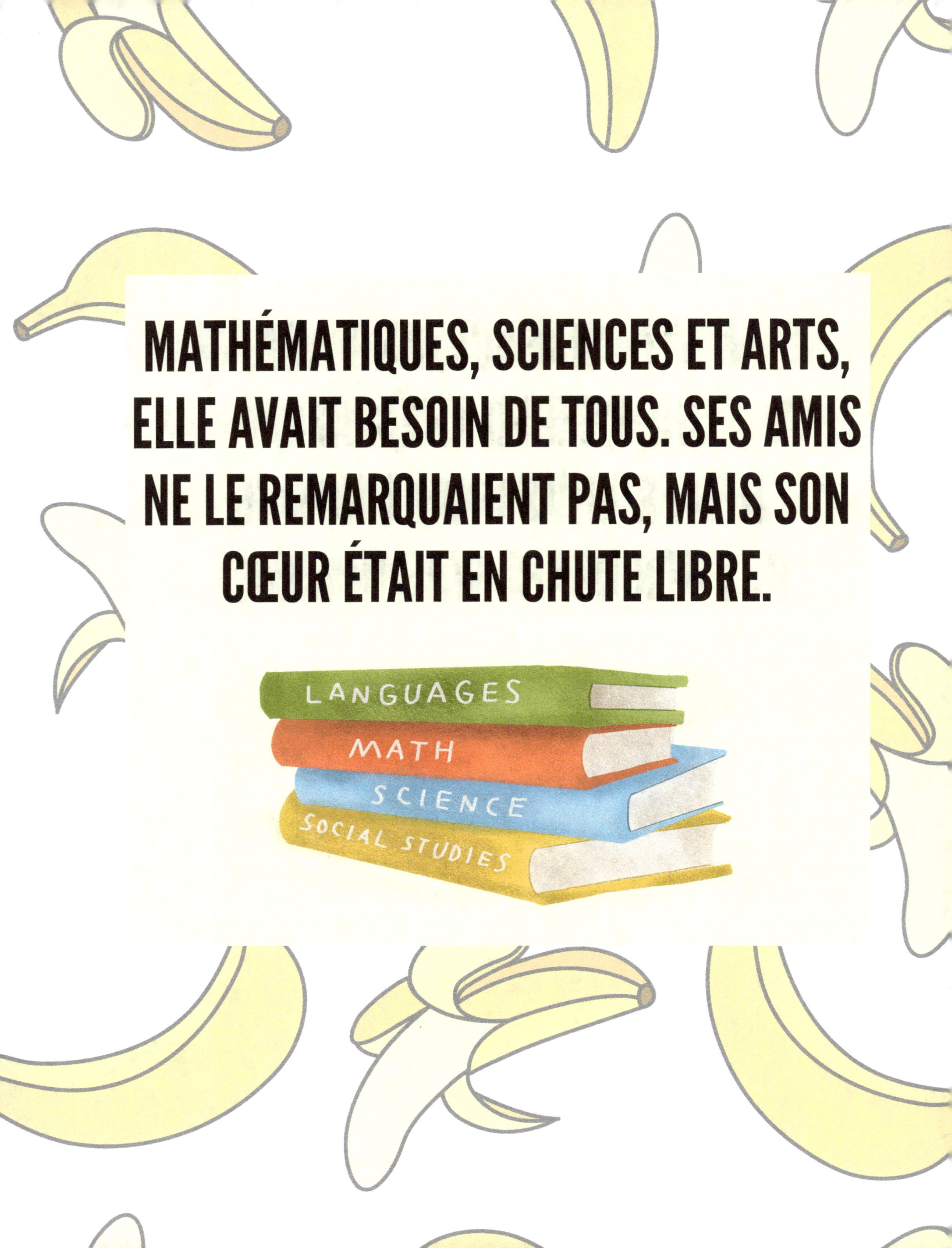

MATHÉMATIQUES, SCIENCES ET ARTS, ELLE AVAIT BESOIN DE TOUS. SES AMIS NE LE REMARQUAIENT PAS, MAIS SON CŒUR ÉTAIT EN CHUTE LIBRE.
LANGUAGES
MATH
SCIENCE
SOCIAL STUDIES

JENNY'S BEST FRIEND WHITNEY,
SO SMART AND SO KIND,
SENSED SOMETHING WAS WRONG,
SHE HAD A GREAT MIND.

WHITNEY, LA MEILLEURE AMIE DE JENNY, SI INTELLIGENTE ET SI GENTILLE, SENTAIT QUE QUELQUE CHOSE N'ALLAIT PAS, ELLE AVAIT UN ESPRIT GÉNIAL.

AT LUNCHTIME, JENNY WHISPERED HER
WOE TO HER FRIEND,
WHITNEY SAID, "WE CAN FIX THIS,
THERE'S NO NEED TO PRETEND!"

À L'HEURE DU DÉJEUNER, JENNY A MURMURÉ SON MALHEUR À SON AMIE. WHITNEY A DÉCLARÉ : "NOUS POUVONS ARRANGER ÇA, IL N'Y A PAS BESOIN DE FAIRE SEMBLANT !"

THEY GOT A BIG JAR AND
A NET OH SO THIN,
WHITNEY SWIPED THOSE FRUIT FLIES
WITH A DETERMINED GRIN.

ILS ONT EU UN GRAND POT ET UN FILET SI FIN QUE WHITNEY A BALAYÉ CES MOUCHES DES FRUITS AVEC UN SOURIRE DÉTERMINÉ.

**JENNY AND WHITNEY,
A TRUE TEAM INDEED,
CAUGHT ALL THE FRUIT FLIES;
THEY DIDN'T LET THEM PROCEED.**

JENNY ET WHITNEY, UNE VÉRITABLE
ÉQUIPE, ONT ATTRAPÉ TOUTES LES
MOUCHES DES FRUITS ;
ILS NE LES ONT PAS LAISSÉS CONTINUER.

THE LOCKER WAS EMPTY,
THE FLIES WERE NO MORE,
JENNY COULD ACCESS HER BOOKS
LIKE NEVER BEFORE.

LE CASIER ÉTAIT VIDE, LES MOUCHES N'ÉTAIENT PLUS, JENNY POUVAIT ACCÉDER À SES LIVRES COMME JAMAIS AUPARAVANT.

JENNY WAS GRATEFUL,
WITH A SMILE ON HER FACE,
FOR HER WONDERFUL FRIEND,
IN ANY TIME OR PLACE.

JENNY ÉTAIT RECONNAISSANTE, AVEC UN SOURIRE SUR SON VISAGE, POUR SA MERVEILLEUSE AMIE, À TOUT MOMENT ET EN TOUT LIEU.

WITH THE SECRET OUT AND
THE LOCKER ALL CLEAR,
JENNY AND WHITNEY'S FRIENDSHIP
GREW STRONG, NO FEAR.

UNE FOIS LE SECRET RÉVÉLÉ ET LE CASIER DÉGAGÉ, L'AMITIÉ DE JENNY ET WHITNEY S'EST RENFORCÉE, SANS CRAINTE.

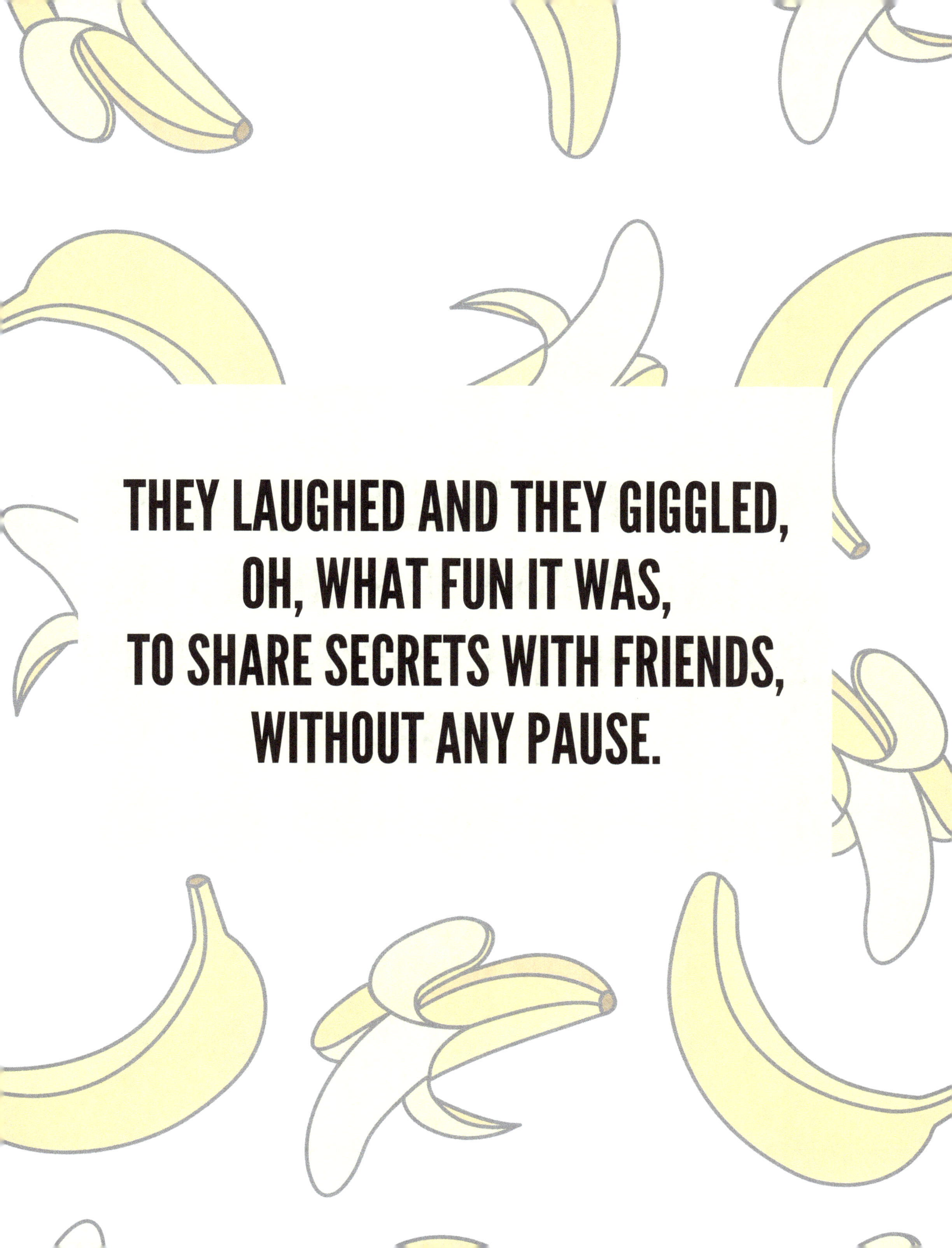
THEY LAUGHED AND THEY GIGGLED,
OH, WHAT FUN IT WAS,
TO SHARE SECRETS WITH FRIENDS,
WITHOUT ANY PAUSE.

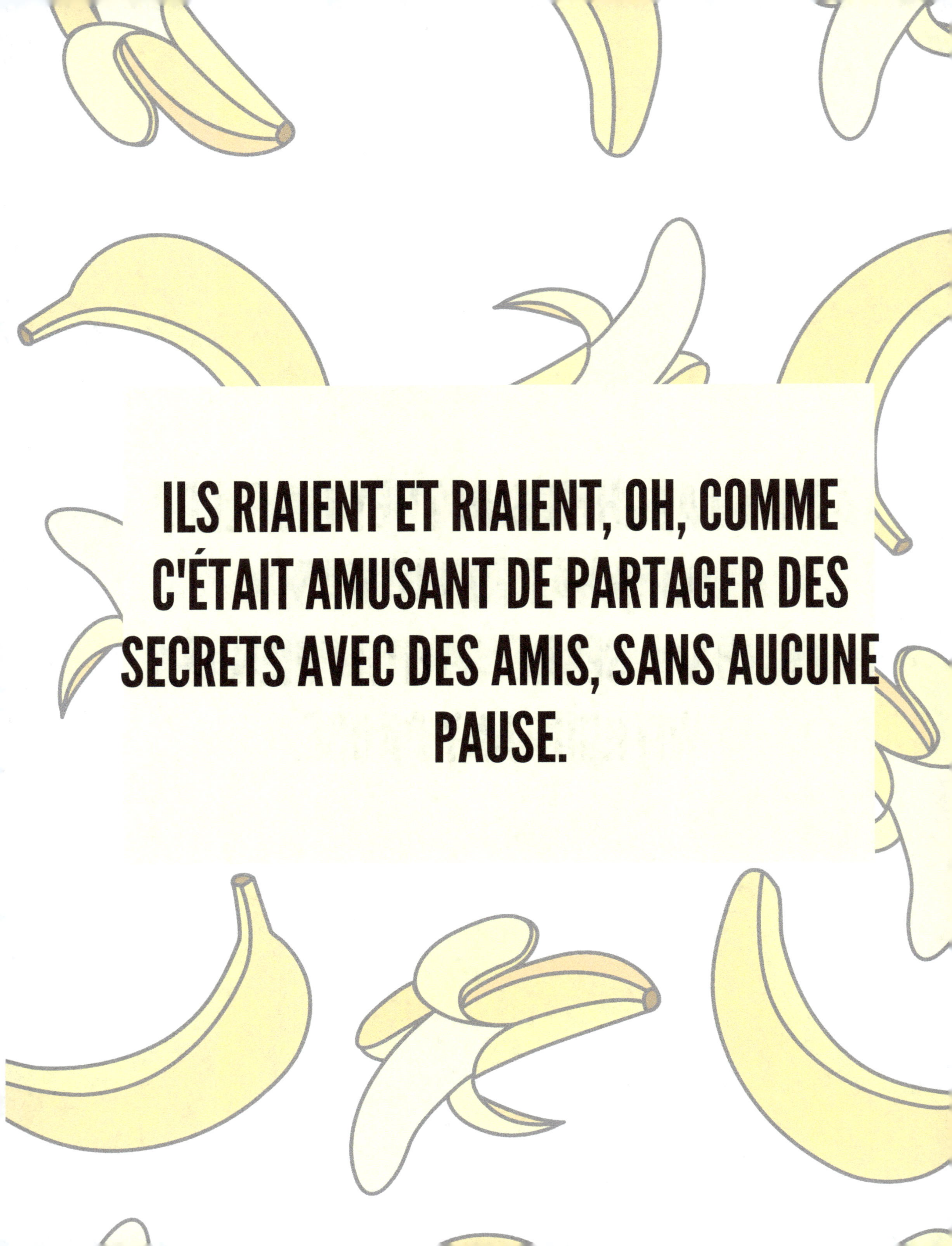

ILS RIAIENT ET RIAIENT, OH, COMME C'ÉTAIT AMUSANT DE PARTAGER DES SECRETS AVEC DES AMIS, SANS AUCUNE PAUSE.

JENNY LEARNED A LESSON,
IT'S ESSENTIAL TO SEE,
TRUE FRIENDS HELP YOU OUT,
AND THEY'LL DO IT WITH GLEE.

JENNY A APPRIS UNE LEÇON, C'EST ESSENTIEL À VOIR, LES VRAIS AMIS VOUS AIDENT, ET ILS LE FERONT AVEC JOIE.

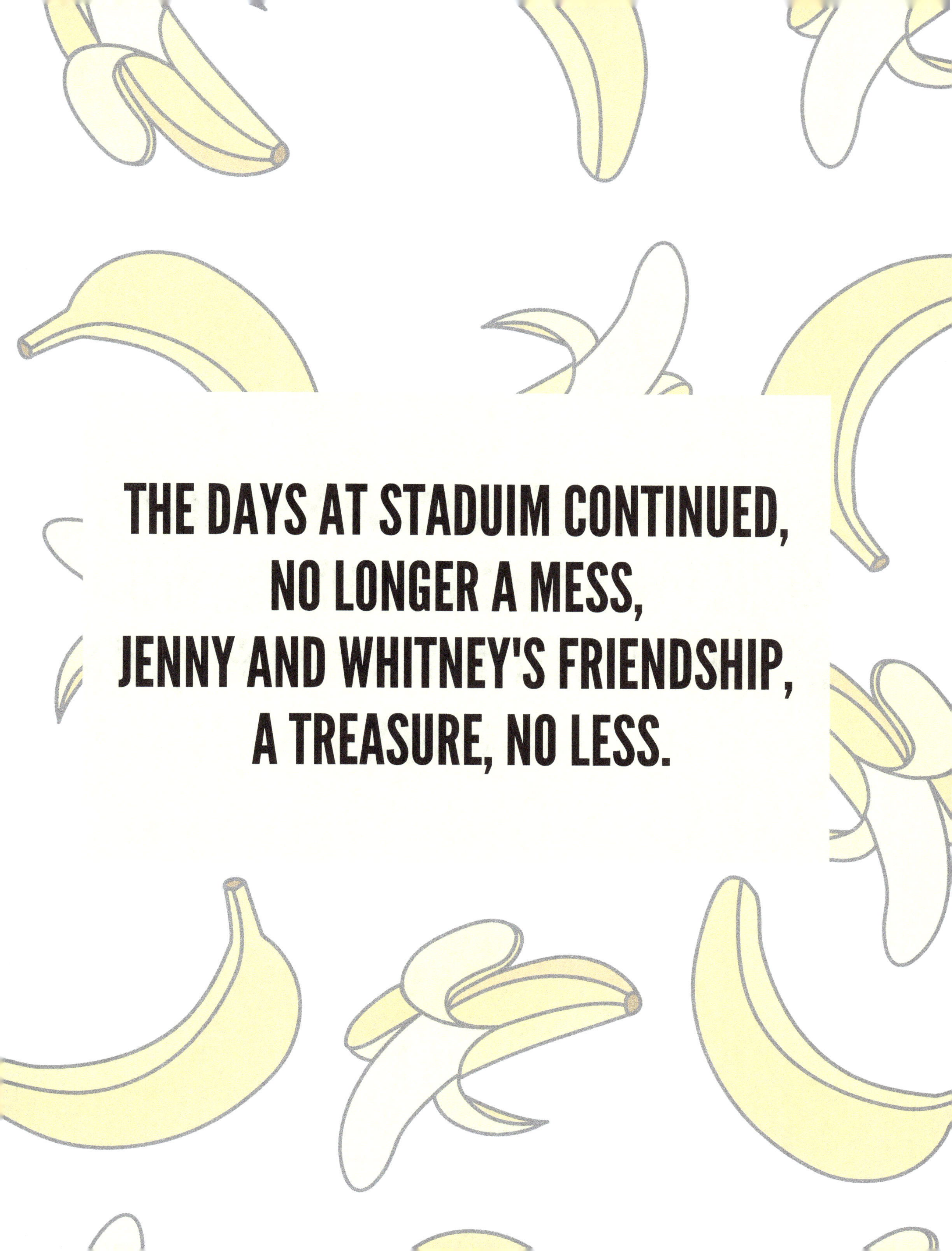
THE DAYS AT STADUIM CONTINUED,
NO LONGER A MESS,
JENNY AND WHITNEY'S FRIENDSHIP,
A TREASURE, NO LESS.

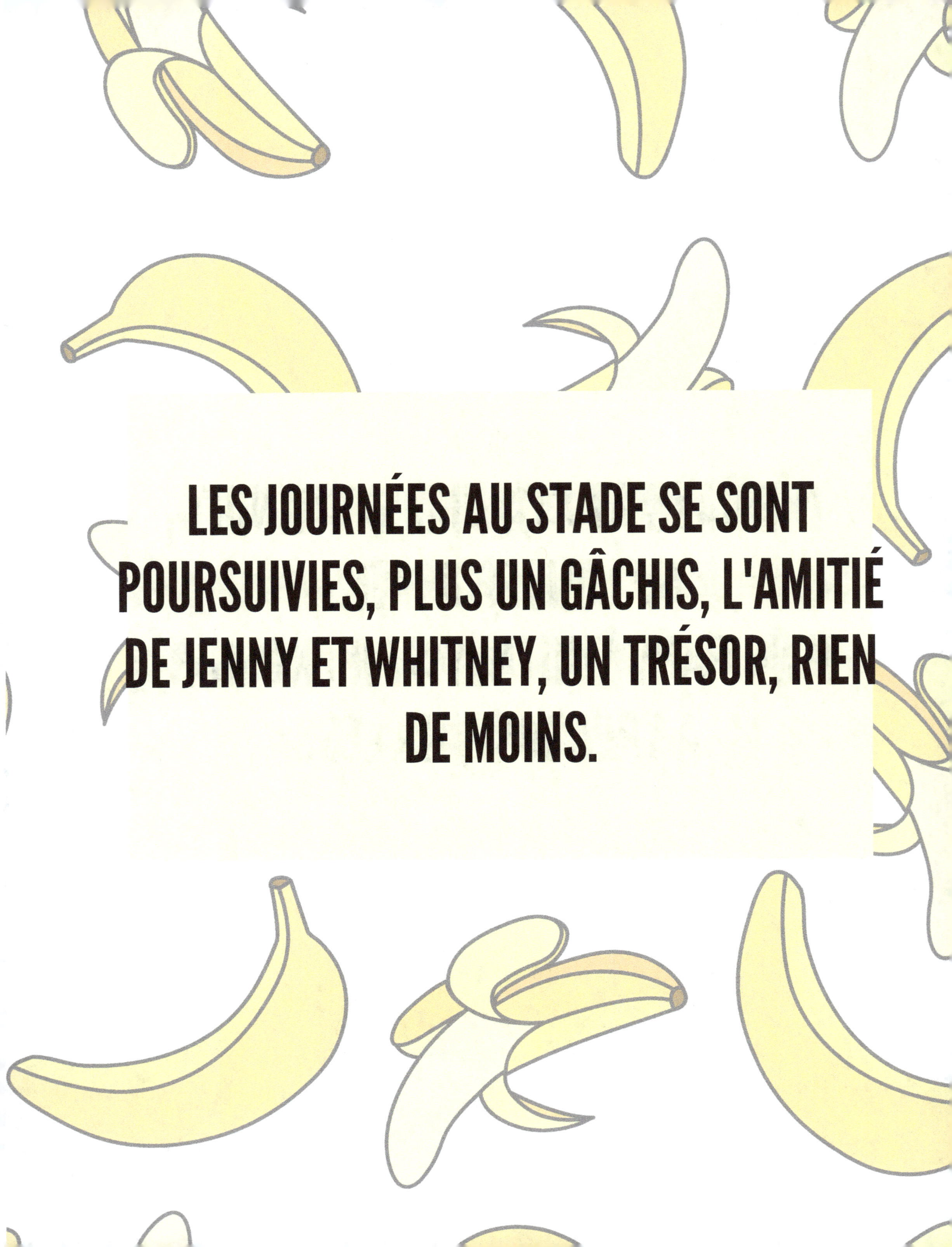

LES JOURNÉES AU STADE SE SONT POURSUIVIES, PLUS UN GÂCHIS, L'AMITIÉ DE JENNY ET WHITNEY, UN TRÉSOR, RIEN DE MOINS.

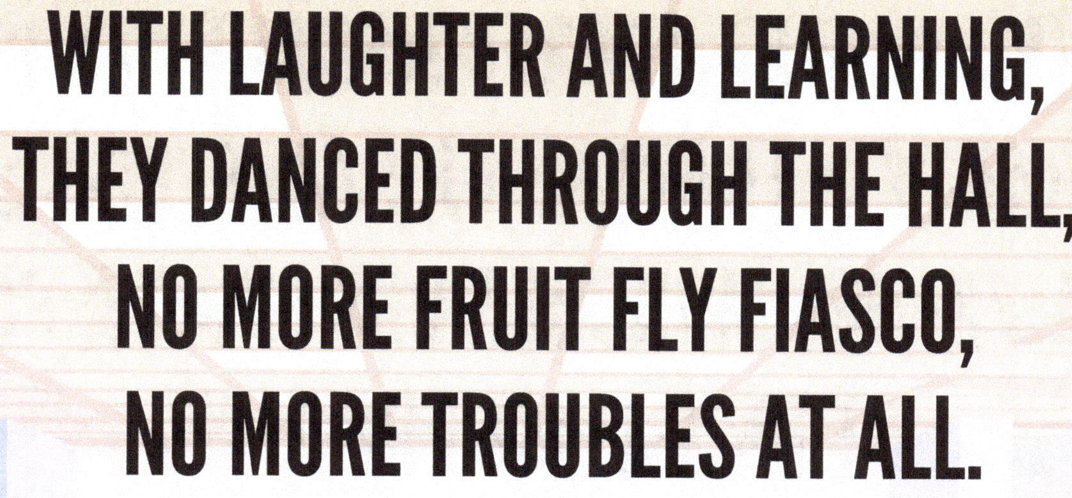

WITH LAUGHTER AND LEARNING,
THEY DANCED THROUGH THE HALL,
NO MORE FRUIT FLY FIASCO,
NO MORE TROUBLES AT ALL.

AVEC RIRE ET APPRENTISSAGE, ILS ONT DANSÉ À TRAVERS LA SALLE. FINI LE FIASCO DES MOUCHES DES FRUITS, PLUS DE PROBLÈMES DU TOUT.

SO REMEMBER, DEAR CHILDREN,
THE STORY SO BRIGHT,
FRIENDS STAND BY YOUR SIDE,
IN THE DAY AND THE NIGHT.

ALORS RAPPELEZ-VOUS, CHERS ENFANTS, CETTE HISTOIRE SI LUMINEUSE, LES AMIS SONT À VOS CÔTÉS, DE JOUR COMME DE NUIT.

WITH FRIENDS LIKE DEAR WHITNEY, YOU'LL NEVER FEEL BLUE, JUST LIKE JENNY, WHO LEARNED THAT FRIENDSHIP IS TRUE.

AVEC DES AMIS COMME WHITNEY, VOUS NE VOUS SENTIREZ JAMAIS DÉPRIMÉ, TOUT COMME JENNY, QUI A APPRIS QUE L'AMITIÉ EST VRAIE.

IN THE SCHOOL OF YOUR DREAMS,
WHERE ADVENTURES AWAIT,
KEEP YOUR HEART OPEN,
FOR FRIENDS ARE FIRST-RATE.

DANS L'ÉCOLE DE VOS RÊVES, OÙ LES AVENTURES VOUS ATTENDENT, GARDEZ LE CŒUR OUVERT, CAR LES AMIS SONT DE PREMIER ORDRE.

AND JUST LIKE OUR JENNY,
YOU'LL FIND YOUR OWN WAY,
IN THE BRIGHT WORLD OF LEARNING,
WHERE YOU'LL GROW EVERY DAY.

ET TOUT COMME NOTRE JENNY, VOUS TROUVEREZ VOTRE PROPRE VOIE, DANS LE MONDE LUMINEUX DE L'APPRENTISSAGE, OÙ VOUS GRANDIREZ CHAQUE JOUR.

SO LET'S ALL BE LIKE JENNY,
KIND, BRAVE, AND SMART,
WITH FRIENDS BY OUR SIDE,
WE'LL EACH DO OUR PART.

ALORS SOYONS TOUS COMME JENNY, GENTILS, COURAGEUX ET INTELLIGENTS. AVEC DES AMIS À NOS CÔTÉS, NOUS FERONS CHACUN NOTRE PART.

WITH LAUGHTER AND LOVE,
AND LESSONS SO GRAND,
YOU'LL HAVE THE BEST TIMES IN THIS
WONDERFUL LAND.

AVEC DU RIRE, DE L'AMOUR ET DES LEÇONS SI GRANDIOSES, VOUS PASSEREZ LES MEILLEURS MOMENTS DANS CE MERVEILLEUX PAYS.
SCHOOL

THANK YOU, BYE!

MERCI AU REVOIR!

WHITNEY
JENNY

CARNIVAL RADIANCE
Carnival Radiance
Carnival